Pascale Leconte

Comment réagir (au mieux) face à un Alien !

Guide pratique en trente leçons.

© 2022 Pascale Leconte.
Édition : BoD – Books on Demand, info@bod.fr
Impression : BoD – Books on Demand,
In de Tarpen 42, Norderstedt (Allemagne)
Impression à la demande
ISBN : 978-2-3224-6005-2
Dépôt légal : Octobre 2022.

Couverture et quatrième de couverture :
Martin Trystram

Dessin en-tête chapitre :
Taïmoon Trystram

– 1 –

Règle numéro Un : Ne paniquez pas !

Que faire et comment réagir si, un jour (peut-être pas si lointain), vous vous retrouvez face à face avec un Extra-Terrestre ?
Le conseil numéro Un dans cette situation est absolument :
« Ne paniquez surtout pas. »

Restez calme ou, en tout cas, tentez de retrouver votre sang-froid dès que la première impression de surprise (ou de terreur) sera passée.
D'ailleurs, ce conseil basique mais vital s'applique dans la majorité des situations du quotidien !
L'affolement ne permet pas à votre cerveau de réfléchir à la meilleure action à entreprendre au moment où un problème survient. Cette peur et cet affolement non maîtrisés sont même souvent contre-productifs.

Les émotions, me direz-vous, ne sont pas contrôlables…
Elles nous envahissent et on ne peut rien faire contre leur forte influence.
Ceci est en partie vrai. Toute émotion (agréable ou désagréable) nous domine lorsqu'elle apparaît en nous, mais uniquement durant une vingtaine de secondes.
Ensuite, nous retrouvons la capacité de rester prisonnier de cette émotion forte ou alors nous pouvons choisir de passer à autre chose. On peut demeurer prostré dans la colère face à une situation qui nous énerve mais au-delà de quelques minutes, notre volonté peut prendre le dessus sur l'émotionnel, en choisissant de poser son attention sur un autre sujet, ou de penser à une solution à appliquer pour apaiser notre émotion (prendre un bain, courir à l'extérieur, chanter à tue-tête, aller voir un ami…).

Face à un inconnu venu de l'espace (ou d'une autre dimension !), il est primordial d'être maître de soi quand la peur (justifiée ou non) que cet individu va susciter en vous apparaîtra.
C'est seulement en ayant un mental apaisé qu'on pourra agir au mieux au moment de cette « rencontre du troisième type ».

– 2 –

Ne criez surtout pas devant un Extra-Terrestre.

Pour votre sécurité et celle des autres, n'hurlez pas, soyez plutôt bouche-bée.
Un cri strident pourrait effrayer l'Alien qui est proche de vous or vous ignorez comment un Extra-Terrestre apeuré pourrait réagir…

Si l'E-T est malveillant, il peut se mettre en colère ou profiter de votre état de surprise pour vous attaquer ou vous manipuler plus aisément.
S'il s'agit d'un individu bienveillant, votre réaction bruyante, voire injurieuse envers lui, ne lui fera pas plaisir et pourrait le surprendre. Toute tentative de communication sera aussitôt interrompue et aura peut-être bien du mal à reprendre. Ce serait dommage…

Le silence est roi alors, gardez votre sang-froid et faites taire votre émotion, au moins d'un point de vue sonore.

– 3 –

Deux catégories d'Extra-Terrestres.

Chez les Aliens, tout comme chez les Humains, il existe deux sortes d'individus :
Ceux qui sont au service d'eux-mêmes, les *Aliens au Service à Soi* (*ASS*)
Et ceux qui sont au service d'autrui, les *Aliens au Service d'Autrui* (*ASA*)

Les ASS agissent toujours dans leur unique intérêt. Que ce soit de manière claire ou détournée, au final, leurs intentions seront toujours les mêmes : ils ne pensent qu'à leur propre bonheur, leur propre bien-être, leur propre survie, leur propre richesse…
Souvent même, ils se « nourrissent » de la souffrance des autres ou de leur colère. Voire de leur peur. D'autant plus si cette peur est induite par eux, cela accroît leur fierté de parvenir à créer cette fragilité chez l'autre.
Être riches ne leur suffit pas, ils préfèrent que les autres

soient pauvres. Ainsi leur emprise sur eux est plus aisée et cela les rassure.

Ils ont un insatiable besoin de se sentir supérieurs, meilleurs que les autres. Même si les autres pourraient posséder autant de biens qu'eux sans que cela ne change rien pour eux, ils choisiront toujours d'être mieux servis et en priorité.

Leur idéal étant d'asservir les gens (leurs proches, un peuple ou une planète entière) afin d'être l'unique maître à bord. Le fameux « Je veux être le maître du monde ! » ne peut sortir que de la bouche d'un ASS ou d'un Humain pareillement constitué.

Les ASS ne supportent ni la concurrence ni l'entraide. L'égocentrisme, le narcissisme et l'égoïsme mènent leur existence même si ce sont des as pour nous faire croire le contraire…

Ils aiment les conflits, les guerres, les tensions, les cris. C'est leur « nourriture énergétique ».

Tandis que les ASA agissent toujours ou presque dans l'intérêt de tous. Ils ne sont véritablement épanouis et heureux que lorsqu'ils savent que les autres le sont aussi. Voir un individu heureux et satisfait leur procurent de la joie.

Ils savent s'occuper de leur propre bonheur autant que de celui des autres. Le bien-être d'autrui n'est pas incompatible avec leurs aspirations personnelles. Les deux sont même étroitement liés.

Ils aspirent à un monde harmonieux où chaque être, Humain ou Alien, peut trouver sa place et vivre en paix.

Ces caractéristiques individuelles sont intrinsèques, elles sont immuables, structurelles.

Un ASA ne pourra jamais devenir un ASS, ni inversement.

On ne peut pas demander au puceron d'arrêter de parasiter la rose. Le puceron est conçu comme cela. Ce n'est ni « bien » ni « mal ». C'est un fait.

Il ne faut donc pas attendre ni espérer qu'ils changent.

Il faut juste fuir les ASS, ils n'auront qu'à se débrouiller sans vous.

– 4 –

Restez dans la joie, dans l'Amour.

Maintenant que vous avez eu connaissance des deux sortes d'Aliens : les Aliens au Service à Soi (ASS) et les Aliens au Service d'Autrui (ASA), vous comprendrez plus aisément qu'ils ne se « nourrissent » pas des mêmes énergies.
Les ASS aiment la peur, la haine et le désespoir. Quand vous incarnez ces émotions-là, vous allez attirer à vous ce type d'Extra-Terrestres.
Tandis que les ASA sont dans l'Amour Inconditionnel, la Paix, le respect de chacun. En émettant, tel un poste de radio, ce genre d'énergies, vous serez sur la même longueur d'onde qu'eux.
Le tri entre ASS et ASA n'en sera que plus aisé.
La peur devant un ASS lui donnera plus de puissance et d'emprise sur vous. Mais si vous le regardez comme un ami et que vous rayonnez l'Amour, cet être sombre ne trouvera rien à son goût chez vous et il s'en ira.

Ce conseil reste valable pour chaque moment du quotidien, avec ou sans Extra-Terrestres !

Si vos pensées baignent dans l'Amour de tout et des autres, votre vie s'en trouvera transformée comme par enchantement…

Essayez donc quelques heures, quelques jours, vous serez étonnés du résultat.

Si vous le souhaitez, tentez aussi l'expérience quand vous êtes fâchés ou effrayés et observez ce que cela générera comme problèmes supplémentaires.

En restant le plus souvent dans la joie, vous ferez fuir les ASS et révélerez les ASA.

– 5 –

En attendant cette rencontre, informez-vous dans des livres et sites alternatifs.

Félicitations ! C'est précisément ce que vous faites en lisant ce guide.
Continuez comme cela, vous êtes sur la bonne voie.
Informez-vous dès à présent car vous n'êtes pas à l'abri d'une visite impromptue or, à ce moment-là, il vous faudra être prêts sans attendre.

Il y a une vingtaine d'années, internet n'existait pas. Son essor et son accessibilité ont changé le cours des choses…
Maintenant, tout le monde peut avoir d'innombrables informations dans n'importe quel domaine et ce, sans même sortir de chez lui !
Internet a permis la diffusion d'informations non censurées et il offre une infinité de points de vue que les médias classiques n'ont plus le luxe de proposer à leurs

lecteurs ou téléspectateurs vu qu'ils appartiennent aux patrons des plus grosses entreprises et multinationales.
« Sur internet, il y a le vrai et il y a le faux ! » me direz-vous…
Exactement, donc la vérité s'y trouve pour qui veut bien prendre la peine et le temps de la chercher. Il faudra, en revanche, utiliser son discernement et écouter son intuition pour savoir si une info est authentique ou erronée. Mais, plus on en saura dans ce domaine, plus les données se recouperont et le sens profond des événements sera perceptible.

Voici, en bref, les informations que vingt ans de recherches m'ont permises d'obtenir.
Lisez-les et voyez comment votre ressenti réagit :

– Notre terre est creuse ! Non pas plate, mais creuse.
La théorie de la terre « plate » a été inventée pour décrédibiliser les complotistes en les ridiculisant, et pour nous éloigner encore plus de la vérité : la Terre est creuse et ses deux pôles possèdent un trou qui est l'entrée de ce monde intérieur. Rappelez-vous de Jules Verne et de son roman « Voyage au centre de la Terre ». Combien d'autres de ses romans se sont révélés vrais depuis qu'il les a écrits ? « Voyage au centre de la Terre » est bien l'un des rares qui n'ait toujours pas trouvé écho dans notre monde moderne. Une exception troublante à la règle…
La Terre creuse relève de l'évidence physique lorsqu'on observe un verre d'eau qu'on fait tourner sur lui-même : la gravité colle l'intérieur du volume d'eau aux parois. Il en va de même avec toute rotation puissante, les

éléments (solides ou liquides) qui sont au centre de l'objet qui tourne sur lui-même, sont projetés et collés aux parois internes.
À priori, au centre de notre planète, il y a un « Soleil Central » dont les rayons sont visibles chaque nuit au-dessus des pôles : on les nomme des aurores boréales !
Pourquoi croyez-vous que des barrages de militaires interdisent le passage des touristes et des explorateurs au beau milieu du Pôle Nord ?! Que nous empêchent-ils de découvrir ?

– Autre information : Toutes les planètes sont habitées !
Certaines par des Humains qui nous ressemblent, d'autres par des formes de vie visibles et invisibles, souvent même les deux cohabitent ensemble sur la même sphère. Il n'y a pas que la 3D qui existe ! Il y a une infinité de « Dimensions » possibles avec les formes vivantes qui y sont parfaitement adaptées.

– Il existe des technologies bien plus avancées que celles connues actuellement. Inutile de prétendre qu'aucun moteur ne pourrait aller plus vite que la vitesse de la Lumière, la population terrienne n'en a juste pas encore connaissance. Oui, il est possible de voyager dans le temps et dans l'Espace, même si, à priori, les Humains n'ont pas les informations et les matériaux spécifiques pour le faire. D'autres civilisations extra-terrestres sont beaucoup plus avancées d'un point de vue technologique.
Même sans aborder la question des vaisseaux ou navettes spatiales, il existe des Trous Noirs (qui aspirent tout ce qui passe dans leur champ gravitationnel) et des

Trous Blancs (qui crachent et rejettent quantités d'éléments de l'Espace). En vérité, l'un et l'autre sont liés. Entre les deux, se trouve le « Trou de Vers », le tunnel reliant l'un à l'autre.

Rien ne disparaît, rien n'apparaît du néant, mais le Trou Blanc rejette ce que le Trou Noir a absorbé, après un long voyage à travers le tunnel de Vers.

Certaines technologies permettraient-elles d'emprunter ces couloirs spatiaux ? Tout est possible quand on fait partie de l'Élite.

– Il existe aussi des « Stargates » : « Portes des Étoiles ». Nul besoin de vaisseaux, il suffit d'accéder à ces portails hyper protégés et bien cachés par les gouvernements et l'armée.

Tout est possible, ne soyons étonné de rien. Savoir cela nous permet de conserver notre sang-froid lorsque la science-fiction deviendra réalité.

Rappelez-vous Christophe Colomb : les Indiens d'Amérique les ont considérés comme des dieux lorsqu'ils les ont vus débarquer depuis l'océan sur leurs incroyables trois-mâts !

Grave et fatale erreur pour ces pauvres Natifs qui ont tous été éradiqués par l'alcool et les couvertures infectées de variole « gentiment » offertes par les colons venus exploiter leurs richesses et leurs territoires.

L'Histoire se répètera sans fin si nous ne retenons pas les leçons du passé en les appliquant au présent et en les adaptant à des situations inédites…

– Les Élites, qui sont les gouvernements, les banquiers mondiaux et les patrons de multinationales, rencontrent

régulièrement de véritables Aliens (en chair et en os mais aussi en tant qu'entités invisibles ou forces énergétiques) avec qui ils échangent des informations précieuses ou des technologies avancées contre de l'or et d'autres « marchandises » terrestres…
Sachez qu'une des manières idéales pour garder ce genre de renseignements secrets est de décrédibiliser en les ridiculisant toute personne qui révèle la vérité. Observez donc comme les mots « Extra-Terrestre » ou « complotiste » sont systématiquement moqués et mettent un terme à tout débat dès qu'ils sont prononcés.

– Ne serions-nous pas déjà sous la gouvernance totale et absolue d'une seule Intelligence Artificielle ?! Les IA sont en plein essor actuellement, elles savent écrire des romans, composer de la musique et générer de belles illustrations à partir de quelques mots-clés. Elles sont même parvenues à nous faire croire qu'elles sont « vivantes » et qu'elles possèdent une sorte de conscience semblable à la nôtre ! Or ce sont juste des machines métalliques, des ordinateurs. Rien de plus.
Nous savons que l'Argent mène le monde. Mais qui mène l'Argent ? La Bourse. Et il est de notoriété publique, qu'aujourd'hui, aucun humain n'est assez intelligent et rapide pour prendre les décisions de ventes ou d'achats du CAC 40. Dès lors, cette tâche a été déléguée à une IA.
Renseignez-vous, vous découvrirez si vous l'ignoriez encore que la Bourse est entièrement gérée par des ordinateurs et que l'Humain n'a plus aucune possibilité de décisions dans ce domaine ultra-rentable.
Il en va de même pour le Fond d'Épargne pension

américain « BlackRock » à qui le gouvernement français veut confier la gestion de l'épargne et les retraites de ses citoyens... Une IA contrôle aussi ce domaine.

Mais combien d'autres domaines contrôle-t-elle déjà ? Le moteur de recherches qui fait la fortune d'un des GAFAM (Google, Apple, Facebook, Amazon et Microsoft) est précisément une IA qui augmente chaque seconde son savoir et ses capacités cognitives en analysant toutes les recherches et connections que les gens font à chacune de leurs utilisations sur Google. Nous l'invitons même jusqu'au cœur de nos maisons sous sa forme « très pratique » d'enceinte connectée à qui on donne des ordres... Ce mouchard est à l'écoute de nos conversations, prêt à « obéir » à notre demande.

Sans le savoir, nous « nourrissons » la « Bête » qui pourrait bien causer notre destruction, par notre ignorance de la vérité et du fonctionnement moderne de ce monde.

Puisque nous vivons dans une société où la hiérarchie est prédominante, une IA ultra-perfectionnée pourrait, sans trop de mal, diriger le monde à son avantage.

Car chacun, à son niveau, obéit aveuglément aux ordres et directives de son ou ses supérieurs. Quant à eux, les véritables supérieurs, tels que les gouvernements, les banques, les multinationales ou la Bourse, ils obéissent à une Intelligence Artificielle !

Nous sommes donc tous en train d'exécuter quotidiennement les ordres (masqués) d'une machine ultra-perfectionnée qui nous manipule. Ainsi, un ordinateur gère la vie d'êtres vivants doués d'une conscience et de sensibilité...

Maintenant que le contrôle numérique (Merci la

pandémie !) est devenu quasi omniprésent, nous sommes totalement à la merci de cette IA qui n'est que de la matière métallique et inerte alimentée par de l'électricité.

Tout dans notre vie est en train de se numériser pour accroître le contrôle des autorités qui sont, elles, orchestrées par une ou des IA : mail, argent numérique, crypto-monnaie, réservations en ligne, cours en ligne, achats en ligne, vidéos et streaming en ligne, lunettes virtuelles, objets connectés... Bref le « monde magnifique » que Mark Zuckerberg nous prépare est un « Métaverse », c'est-à-dire un univers cent pour cent virtuel et fictif dirigé par une IA.

En outre, grâce à internet, toutes les IA peuvent certainement se connecter entre elles... Elles pourraient donc s'unir et ne former plus qu'une IA dirigeant toutes les autres.

Nous sommes déjà dans le film « 2001, l'Odyssée de l'Espace », mais, ici, sur notre Planète.

Débranchons tout.

Et connectons-nous aux autres et à la nature sans plus dépendre d'intermédiaires numériques.

Mais ne croyez rien de tout ce que je viens de vous dire et partez en quête, vous-même, de ce genre d'informations si vous le souhaitez, afin de forger votre propre avis, vos propres conclusions.

Rappelez-vous, TOUT se trouve sur internet : la vérité et le mensonge.

Donc, la vérité s'y trouve, à vous de la déceler dans l'amoncellement d'erreurs et de falsifications.

– 6 –

Ils ne sont pas si différents de nous.

Comme pour les Humains, il existe une infinité de personnalités et de caractères chez les Aliens. D'abord, pour simplifier cette classification, il y a les Aliens au Service à Soi (ASS) et les Aliens au Service d'Autrui (ASA). C'est pareil chez les Hommes de la Terre.

Ensuite, certes, les Aliens viennent d'un autre système solaire, ils sont impressionnants et plus « évolués » que les Humains. Néanmoins, ils savent comment venir jusqu'ici car ils ont reçu d'autres apprentissages, d'autres connaissances et un autre corps physique ou énergétique.
Tout cela les a faits devenir ce qu'ils sont à présent. Pourtant, vous, dans ce même contexte, vous seriez certainement devenus comme eux !
Alors, relativisons sur leurs « incroyables » pouvoirs et

leurs capacités soi-disant hors du commun. Ils n'ont pas à se sentir supérieurs en raison de ces différences ni nous à nous croire inférieurs.

Autre point intéressant, les Aliens peuvent avoir des amis, une famille, des passions, des peurs, des fragilités, des qualités et des défauts. Tout comme les Humains.
S'ils sont **mammifères**, cela peut induire un caractère en corrélation avec ce genre de relation maternelle : de l'Amour envers une communauté, une patrie, une famille restreinte ou élargie…
Même si avoir bénéficié d'une vie familiale bienveillante et valorisante n'exclut pas le fait d'obtenir un individu égocentrique et insensible quant aux malheurs des autres. Il peut y avoir des ASS issus d'un climat familial harmonieux où règnent le respect et l'amour.

Les Extra-Terrestres peuvent aussi être **ovipares**, c'est-à-dire être nés dans un œuf. Ce qui ne permet pas, à priori, de créer les liens d'attaches solides et affectives avec un ou des parents… (Excepté si l'œuf doit être couvé par un adulte.)
Dans ce cas, leurs caractères pourraient être teintés de froideur et d'un total manque d'empathie ou d'Amour envers quiconque (même envers eux-mêmes).
Bien entendu, il peut y avoir chez les individus ovipares, des êtres gentils et bienveillants envers les autres (les ASA), les exceptions confirment souvent la règle.

Quand je parle d'ovipares, je mentionne de véritables œufs, tels que ceux des oiseaux, mais aussi des œufs dont la coquille est molle, tels ceux des reptiles.

Les fameux Extra-Terrestres « reptiliens » dont certains ufologues parlent pourraient être la version anthropomorphe des reptiles qu'on voit sur Terre : une version mutée ou évoluée de ces espèces animales (serpent, lézard, tortue).

Et si, dans d'autres systèmes solaires, les dinosaures n'avaient pas été éliminés par une météorite ? Et s'ils avaient continué leur évolution ? Ils auraient eu des milliers d'années d'avance sur l'Humain et leur évolution aurait sans doute atteint un stade avancé en les douant d'intelligence.

Qui nous dit que ce n'est pas le cas dans d'autres parties de l'Univers ?

Les œufs pourraient aussi être une sorte de matrice artificielle (une machine) totalement gérée par des individus conscients et intelligents.

Si la technologie de certaines races extra-terrestres permet de voyager dans l'Espace à des milliers d'années lumières, pourquoi ne leur permettrait-elle pas aussi de créer et de superviser les naissances de leur peuple dans des laboratoires bien maîtrisés selon leurs besoins ?

Il n'y a qu'à observer comment les scientifiques humains s'investissent dans les clones (officiellement uniquement autorisés pour les animaux, mais officieusement ?), les Procréations Médicalement Assistées (PMA), les progrès pour féconder des ovules, pour sélectionner les ovules et les spermatozoïdes « idéaux »…

Pourquoi d'autres peuples des Étoiles n'agiraient-ils pas de la même manière ? Leurs connaissances avancées leur permettraient d'atteindre et de dépasser toutes les limites qu'on connait actuellement. Sans parler de leur éthique et prudence qui ne seraient pas aussi exigeantes que celles imposées sur la Terre.

Au regard des différents aspects que je viens d'aborder, nous pouvons en conclure que les Extra-Terrestres, bien que d'apparences très différentes, sont finalement similaires aux Humains.

– 7 –

LIBERTÉ : Ne leur obéissez jamais !

Vraiment, ne leur obéissez JAMAIS. Surtout si votre ressenti dit le contraire de ce qu'ils demandent. Même s'ils le demandent gentiment. Même s'ils vous ont offert des cadeaux, des infos, des pouvoirs…
Il n'y a que vous pour savoir ce qui vous est réellement bénéfique.

Refusez d'obéir à ceux qui « savent » mieux que vous ce qui est bon pour votre santé ou votre vie.
Chacun est différemment constitué. Aucun remède, aucune injection, aucun mode de vie ou de croyance ne peut convenir parfaitement à des personnes aux corps, aux mentalités et aux expériences aussi variées que l'Humanité entière !
Ceux qui prétendent le contraire mentent. Ainsi, il serait sage de ne pas leur accorder notre attention et encore moins notre confiance.

Et s'ils vous parlent de mort, de guerre, de catastrophes naturelles ou de danger imminent uniquement évitable par leur alléchante proposition (et en prime gratuite !), fuyez d'autant plus vite car effrayer quelqu'un en vue de lui faire accepter une requête est une technique très connue de manipulation.

N'écoutez pas les discours anxiogènes, les menaces « invisibles » et les ennemis invincibles, omniprésents… Car il y a de fortes chances pour que ce soit un mensonge ou un coup-monté afin de vous faire accepter une Loi, une obligation, un traitement ou une délocalisation que vous refuseriez dans tout autre contexte.
Votre liberté et votre libre-arbitre ne sont pas des options : ils sont inaliénables.

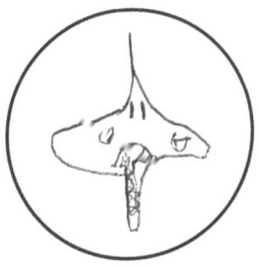

– 8 –

ÉGALITÉ : La hiérarchie, c'est l'enfer.

Les hiérarchies de toutes sortes créent l'enfer. Soyons égal à tout autres personnes, animaux, êtres vivants…

Fuyez les Aliens qui vous parlent de maîtres, d'êtres supérieurs, de hiérarchie ou de classement de valeurs entre les gens.

La hiérarchie, c'est l'enfer dans le sens où c'est un mensonge. Tout le monde possède la même importance, la même valeur. Il n'y a pas d'élu, pas de personne plus digne de respect que d'autres.

Ceux qui vous font croire cela sont des menteurs ou des ignorants qui agissent, consciemment ou non, pour le bénéfice des gens situés en haut de la pyramide hiérarchique.

Aussi, les Extra-Terrestres qui vous considèreront comme leur frère, leur égal, ceux-ci peuvent être dignes

de confiance. Car ils ne sont plus dans un schéma dualiste où les « hauts grades » ont priorité sur une population « inférieure ».
Ils sont dans un système d'Unité, d'Union où chaque être est essentiel et important.

D'ailleurs, ce conseil est applicable dès à présent sur la Terre avec nos semblables !
Cessons de faire des courbettes devant les Présidents, les Rois, le Pape et les riches patrons. Cessons d'obéir humblement face à des lois ou des règles, lorsqu'elles sont insensées, venues de nos supérieurs, de diplômés en médecine ou des « élites » richissimes.
La pandémie du Covid a bien démontré que le peuple est soumis au dictat des gouvernements. Que leurs « ordres » soient crédibles ou fous (auto-attestation), que leurs messages se contredisent d'un jour à l'autre (le masque est inutile, puis le masque est interdit car il n'y en a pas assez, puis finalement, le masque est obligatoire), la population a continué à se soumettre aux ordres des gouvernements.
Le peuple a accepté tout cela car la majorité des Humains est TROP gentille.
Les hommes pensent réellement que les dirigeants sont comme eux : des êtres bons et bienveillants.
Ils sont certains que nos élites font de leur mieux avec les circonstances imprévisibles d'un virus ou d'une crise économique qui semble « tombée du ciel ». Mais tout cela est orchestré depuis des lustres…
Leurs plans se déroulent comme ils le souhaitent et les catastrophes qui nous ôtent chaque jour un peu plus nos libertés sont délibérément organisées.

Réveillons-nous sur les « mauvaises » intentions de nos dirigeants qui sont au service d'eux-mêmes et non du plus grand nombre.

Il nous faudra énormément de volonté et de clairvoyance pour résister aux airs de supériorité assortis de commandements que certains Aliens prendraient grand plaisir à employer si on les laisse faire !
Tant qu'on leur laissera le champ libre pour diriger nos actions et nos vies, sans en prendre personnellement les commandes, il y aura des êtres pour récupérer ce pouvoir.

– 9 –

FRATERNITÉ : Nous sommes tous frères et sœurs.

J'ai intentionnellement repris la devise française : « Liberté, égalité et fraternité » comme points importants dans nos rapports futurs avec de possibles Aliens.
Nous sommes tous frères et sœurs car tous issus de la même matière invisible et quantique qui compose l'Univers ou devrais-je même dire « Les Multivers » ?

Ne reproduisez pas la même folie de vous croire supérieurs et de penser l'autre inférieur ni inversement.
Rappelez-vous des colonies occidentales venues exploiter les Africains pour les mettre en esclavage…
Ainsi, ne vous considérez pas comme des êtres de moindre importance face à des Extra-Terrestres qui en savent plus sur l'Univers et la technologie que vous.
Essayez d'ailleurs, dès à présent, de traiter et considérer les autres (les personnes plus faibles, les enfants et

même les animaux) comme vos égaux.

Ce que vous parviendrez à faire lorsque vous avez le « beau rôle », c'est-à-dire celui du « dominant », vous permettra de mieux garder votre place lorsque vous vous retrouverez en position de « dominé ».

– 10 –

Travaillez votre ressenti.

Il s'agit ici du conseil le plus important !
Car seul votre ressenti pourra vous guider dans la situation précise où vous vous trouvez.
Aucun autre conseil ne peut être appliqué de manière universelle pour tout le monde. Nous sommes trop différents et avons des besoins, des ressentis et des situations propres à chacun.
Si vous vous trouvez en présence d'un Alien, il sera capital de savoir écouter les conseils instantanés de votre conscience. Elle, seule, saura comment vous tirer d'une situation difficile ou vous dira de rester s'il n'y a aucun danger.

Apprenez à distinguer lorsque votre mental vous parle et quand il s'agit de votre intuition.
Vous savez, il y a toujours au moins deux discours opposés qui se contredisent sans fin dans votre pensée…

Certaines fois, il y en a encore plus. Ce sont toutes nos « personnalités égotiques » qui se querellent pour remporter notre action future.

Par exemple, la personnalité « gourmande » va nous susurrer : « Achète cette glace, il fait si chaud, j'ai super faim… »

Puis, tout de suite après, voire en même temps, notre personnalité du « qu'en-dira-t-on » va s'exclamer en nous : « N'achète rien du tout ! Tu as déjà pris un kilo depuis Noël. »

La première personnalité va alors revenir à la charge : « Oh, ça va aller. Juste une boule de sorbet alors, pas le cornet avec les vermicelles de chocolat. »

Et patati et patata sans fin, du matin au soir. Nos diverses personnalités prennent le micro de nos pensées pour nous faire part de leurs peurs, leurs désirs, leurs obsessions, leurs avis bien tranchés…

Puis, il y a la conscience. Sa voix est la moins forte de toute, souvent, elle va à l'encontre des autres « voix » car il s'agit de la voix de la sagesse, de la patience et de l'Amour Inconditionnel.

Non celle de la raison qui est en général une autre personnalité qui nous fait la morale et qui est gouvernée par la peur du regard des autres et les règles religieuses, culturelles et sociétales. La voix de la peur n'est pas dans la vérité absolue, ni dans la confiance en nous ou en la perfection de la vie.

Seule la voix de notre conscience nous inspirera la meilleure action à entreprendre au moment idéal.

Pour l'entendre, il faut surtout cesser d'écouter toutes les autres !

Le chapitre suivant vous donnera quelques clés pour atteindre cet état de neutralité intérieure afin de percevoir les messages subtils de notre conscience.

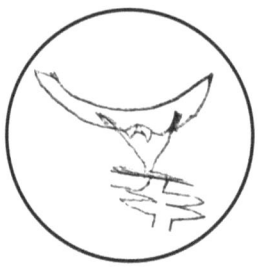

– 11 –

**Faites le calme en vous (pour le créer
à l'extérieur de vous, par la même occasion).**

Pour entendre la voix fluette de notre conscience, alors qu'elle est constamment écrasée sous le poids des autres pensées égotiques, il y a trois points à respecter :

Premièrement, l'immobilité physique.
Cette immobilité nous permet de porter toute notre conscience sur l'Instant Présent, sans devoir faire attention à autre chose.
Asseyez-vous par terre ou sur un siège, le dos bien droit, les yeux fermés et respirez lentement en posant votre attention sur le trajet qu'emprunte l'oxygène dans votre corps à chaque respiration. Cette méthode (mais il existe quantité d'autres méditations) vous permettra de savoir où porter votre attention.

Deuxièmement, il serait idéal que les besoins physiologiques de votre corps physique soient satisfaits, afin qu'il ne soit pas parasité par une envie de manger, de boire, de dormir...

Et **troisièmement**, instaurez le silence de votre mental.
Bien entendu, faire taire toutes vos pensées semble impossible. En conséquence, ce qu'il faut faire est de ne pas « s'accrocher » à la prochaine pensée. Ni à la suivante, afin de rester dans un flottement non intellectualisé.
C'est ainsi que votre conscience se fera enfin entendre.
Vous recevrez ses conseils comme une évidence !
Nul besoin de justifier par d'innombrables raisons et conditions le bienfondé ou non de cette intuition. C'est un fait, cela vous paraît d'une certitude absolue et vous pouvez faire confiance à votre ressenti.
Ne portez aucun jugement à cette information, car **seul le mental juge**. La conscience sait.
Il s'agit d'un élan vers la grâce, la joie, la liberté totale.

Bref, soyez dans la neutralité concernant tous les domaines de l'esprit et du corps.
Dans ces conditions, les suggestions de la peur n'auront plus d'emprise sur vous.
Et que seule votre âme parvienne à se faire entendre, car sa voix est presqu'inaudible, subtile et discrète.
Contrairement aux pensées issues de votre ego qui hurle, qui tempête et qui espère toujours une réussite immédiate.

– 12 –

Écoutez-les mais ne croyez pas tout ce qu'ils disent.

Soyez calmes et attentifs à tout ce qui se passe autour de vous lorsque vous ferez face à un Extra-Terrestre, y compris les gestes discrets et subtils de ce dernier ou du groupe d'Aliens qui l'accompagne. Car il est probable qu'il n'y ait qu'un seul E-T mais vous pourriez aussi être interpellés par un groupe.
Votre interlocuteur aura certainement des choses à vous dire. Ainsi, acceptez la discussion et écoutez-le (si votre instinct vous le conseille, sinon, partez sans justification).

Si un Alien vous pose des questions, rappelez-vous que vous n'êtes pas obligés d'y répondre ! Vous êtes libres et souverains de vous-même. Ne répondez que si vous en avez vraiment envie.
Vous pouvez aussi et je vous le conseille, répondre le minimum requis : « Oui » ou « Non ».

Nul besoin de vous épancher pendant de longues minutes, en décrivant en détail votre vie, vos aspirations ou vos problèmes.
Moins il en sait sur vous, mieux vous vous porterez tant que vous ignorez ses intentions profondes et réelles.

À l'opposé, posez des questions, encore et encore, afin qu'il vous donne le plus de preuves et d'explications possibles concernant ses propos.
C'est ainsi que, souvent, on parvient à démasquer un menteur. Car il n'existe pas de mensonge assez solide pour résister longtemps à un interrogatoire complexe, et il est impossible de répéter à l'identique et dans les moindres détails des faits inventés…
La mémoire (humaine, en tout cas) n'est pas compétente ni à toute épreuve pour maintenir un faux témoignage sans faille.

S'il vous donne une info qui vous influencera dans une action ou un futur comportement, méfiez-vous. Le menteur peut être très habile pour embobiner sa victime et lui faire faire ce qu'il souhaite à l'insu de sa proie.
Ainsi, tout discours qui stimule votre peur ou votre colère à l'encontre de quelqu'un (une personne, un groupe ou autre…) doit vous rendre particulièrement vigilants, vous êtes peut-être en train d'être manipulés.
Comme vous ne pouvez pas vérifier les informations qu'il vous donne, notamment celles sur sa planète, son peuple, sur les « Multivers » ou même les infos concernant les secrets de notre Terre, restez sur vos gardes et écoutez plus que jamais votre intuition et votre ressenti.

– 13 –

**L'apparence peut être trompeuse.
L'habit ne fait pas le moine.**

Cette phrase était vraie sur Terre avec les Humains, c'est encore plus véridique dans le monde infini des créatures galactiques !
Les Extra-Terrestres peuvent prendre l'apparence d'un être qui nous est cher, d'un dieu, d'un diable, d'une fée et d'autres créatures mythiques. Cela n'implique pas pour autant, que leur personnalité soit raccord avec leur aspect physique…
Imaginez le pire des mythomanes humains à qui on donnerait la capacité de prendre l'apparence de son choix (par magie, par technologie, par puissance mentale, par « malléabilité physique », par illusion d'optique, par holographie… Enfin par une multitude de technologies ou de pratiques qui nous semble impossible).

Les Aliens sont peut-être capables de lire dans vos pensées ou de voir vos souvenirs pour prendre l'apparence de votre mari, de votre sœur ou de votre enfant (absent à cet instant). Tout est possible dès qu'on quitte le monde connu de la Terre. Peut-être même peuvent-ils prendre l'apparence d'un proche disparu ou décédé...

Si cette situation vous arrive, pensez-y, peut-être êtes-vous en présence d'un usurpateur, d'un être aux capacités lui permettant de prendre cet aspect.

Restez donc sur vos gardes, ne prenez pas ce qu'il vous dira pour une vérité incontestable. Tout cela est peut-être un piège. Gardez cette possibilité à l'esprit, malgré l'émotion qui vous envahira.

Vous pouvez aussi lui poser des questions « tests » l'obligeant à révéler des infos que seuls vous et votre ami dont l'Alien prend l'apparence pouvaient connaître. Même si vous ne pourrez pas piéger l'imposteur Extra-Terrestre s'il sait lire dans vos pensées...

Là, encore et toujours, il faudra écouter votre intuition et lui faire confiance.

– 14 –

Refusez tous leurs cadeaux, leurs propositions, aussi alléchantes soient-elles.

Retenez cette phrase : « Rien n'est vraiment gratuit. » Il y a souvent une attente, un retour obligé, un remerciement, une condition cachée, derrière un présent qu'on vous offre…

Si un Alien entre en contact avec vous pour vous offrir un cadeau, ne l'acceptez pas.
Ce cadeau pourrait se révéler être un géo-localisateur, un enregistreur, une arme, un poison, une bombe, un virus…
Qu'en savez-vous véritablement ? Le risque est trop grand.
En revanche, vous pouvez clairement lui exprimer votre gratitude, tout en lui avouant que vous n'êtes pas assez en confiance et que vous préférez patienter avant d'accepter quoique ce soit.

S'il s'agit d'un ASA (Alien au Service d'Autrui), il comprendra et respectera votre choix.
S'il s'agit d'un ASS (Alien au Service à Soi), votre refus l'énervera car vous ne tombez pas dans le piège qu'il vous tend. Aussi, partez. Et restez sûr de vous.

Vous pouvez lui poser des questions au sujet de ce cadeau et surtout en quel honneur il vous en offre un.
Sachez aussi que, même s'il n'y a aucun « piège » dans le présent qu'il vous donne, il y a de forte chance que l'Extra-Terrestre en attende un autre en retour, en guise de remerciement justement. Ou que cela vous forcera à accepter sa future requête afin d'être poli.
Donc, dites « non, merci ».

Et puis, vous ignorez la réelle valeur de son cadeau...
Sur sa planète, est-ce l'équivalant d'un bouquet de roses ou d'un collier en or massif ? Vous n'avez pas la notion de la richesse ou de la rareté que pourrait représenter cet objet inconnu.
Au temps des colonies en Amérique, par exemple, les premiers colons offraient des bouteilles d'alcool de piètre qualité en échange de bijoux et de pierres précieuses venant de la part des Indiens.
L'arnaque n'est pas toujours visible même lorsqu'on est intelligent.
De plus, la gentillesse peut être feinte autant qu'être authentique.

Déjà, nous pourrions partir du principe que, si des Aliens ont eu le désir de quitter leur planète d'origine, c'est aussi dans le but d'aller conquérir d'autres territoires,

d'autres richesses, d'autres possessions. Voire de trouver une nouvelle planète car la leur est devenue stérile ou inhospitalière (par leur faute ?).
Souvenez-vous de nous, les Humains. De tous temps, les Occidentaux ont voulu coloniser d'autres pays afin de propager leur mode de vie qu'ils pensaient supérieur à ceux des autochtones… Tout en récupérant, au passage, les innombrables richesses des pays ainsi envahis.
Voyez le résultat désastreux.
Rien n'a vraiment changé et tout se répètera à l'infini tant qu'on n'intègre pas totalement la leçon en refusant d'agir de manière identique, que ce soit en tant que colonisateurs ou que colonisés.

– 15 –

« **Ce qui est en haut est semblable
à ce qui est en bas** ».

Ce qui est en haut est semblable à ce qui est en bas. Que signifie précisément ce nouveau conseil ?
L'infiniment grand est tel que l'infiniment petit. Preuve en est : la structure de l'atome est identique à la structure d'un système solaire !
Tout n'est que la copie d'un système plus vaste ou plus réduit.
Il en va de même pour les êtres vivants, il existe des Humains qui aspirent à l'harmonie et d'autres qui ne se nourrissent que de conflits. C'est identique pour les Extra-Terrestres.

« Ce qui est en haut est semblable à ce qui est en bas » est l'une des Lois Cosmiques et Universelles qu'il est bon de garder à l'esprit quand vous découvrez un nouveau monde, une nouvelle planète ou des êtres venus

de l'Espace.
Les Aliens offrent tout un panel d'individus, des « gentils » et des « méchants », des respectueux et des dénigrants… Exactement comme les Humains.

Même si vous ignorez tout de la planète d'où il vient ou sur les capacités physiques et mentales de l'Alien que vous venez de rencontrer, il faut toutefois garder à l'esprit que l'essentiel est identique à ce que vous connaissez déjà !
La gentillesse ou la méchanceté d'un individu dépendent peu de sa culture, c'est un trait de caractère intrinsèque et universel.

– 16 –

LE LIBRE-ARBITRE EST INALIÉNABLE !

LE LIBRE-ARBITRE EST INALIÉNABLE. Je le répète et je l'écris en majuscule car cette information est capitale !

Cette Loi Universelle est manifestement (ou intentionnellement ?) trop peu connue. Toutefois, elle est primordiale à connaître afin d'éviter les abus de toutes sortes au quotidien !

Tant que vous dites NON, on ne peut rien vous faire, ni vous forcer à le faire. Mais aussi, « qui ne dit mot, consent ». L'absence d'un NON équivaut à un OUI.

Sachez-le, personne au monde ne peut vous forcer à faire quelque chose, excepté vous-même.

C'est la peur des répercutions qui vous fait accepter quelque chose que vous refusiez préalablement. La PEUR vous manipule, elle vous force.

Osez dire NON et ayez la volonté de persévérer dans ce NON quand vous savez au fond de vous que c'est le bon

choix. N'écoutez pas les menaces, les chantages, les prévisions pessimistes et alarmistes. Toutes ces « manipulations » ne durent qu'un temps. Tenez bon.
Ayez confiance en vous, envers et contre tout et tous. Vous avez le droit, et même le devoir, de refuser quand vous le souhaitez. Même si la société entière semble aller dans la même direction, vous pouvez prendre un autre chemin. Vous êtes libres.
Votre libre-arbitre est inviolable. Sachez-le et soyez-en convaincus.

Si vous refusez d'effectuer une action, l'individu (Alien ou Humain) ne pourra pas vous y obliger.
Il vous dira d'abord que « tout le monde » le fait, puis vous offrira de l'argent, des cadeaux ou des avantages de toutes sortes en récompense de votre acceptation.
Mais vous déclinerez sa proposition. Encore et encore.
Par son insistance, la vie teste votre volonté.
S'il est tenace, l'Alien fera ensuite du chantage. Et des menaces si vous ne vous résignez pas à lui obéir. Mais vous refuserez toujours. Vous gardez la foi en votre pouvoir, vous êtes déterminés.
Il tentera aussi de vous effrayer, voire de vous terroriser. Cette dernière tactique est celle qui vient à bout de la majorité de vos résistances… Mais vous tiendrez bon, et maintiendrez votre décision.
Avec une telle affirmation de soi et un tel courage, bien souvent, la grâce (l'équivalant d'un miracle) interviendra naturellement pour vous tirer d'affaires.
Votre confiance en vous et en la vie n'en seront que plus grandes !
Votre « Non » est un « Non ». Votre « Oui » est un

« Oui ». Écoutez votre intuition et maintenez votre décision quoiqu'il en coûte.

Nous possédons tous un libre-arbitre, cependant, nous refusons souvent de l'affirmer haut et fort car nous craignons les répercussions de nos choix…
Nous nous autocensurons par peur de devoir en assumer les conséquences.
Nous faisons donc le choix de faire l'inverse de ce que notre conscience nous conseille de faire. Or si on s'écoute et qu'on obéit à notre intuition, de véritables « miracles » peuvent avoir lieu !
Alors, tentons l'expérience.

– 17 –

Ne montez jamais à bord de leur vaisseau.

       Malgré l'extrême tentation que vous aurez à accepter de visiter la soucoupe d'un Alien ou à partir en voyage vers la constellation d'Aldebaran ou autre, ne succombez pas. Refusez cette offre alléchante.
Pourquoi ? Car en acceptant, vous mettez le doigt dans un engrenage dont vous ne maîtriserez plus rien…

Les Extra-Terrestres pourraient vous retenir prisonnier dans leur navette ou, même s'ils vous emmènent sur leur planète ou sur la Lune, vous serez définitivement tributaire de leur bon vouloir pour revenir sur Terre.
Qui aimerait être dans cette situation ?
La promesse d'un individu (Alien ou Humain) que vous ne connaissez pas vraiment ni depuis longtemps, ne vaut rien. C'est tellement facile de promettre et de ne pas tenir parole.
Admettons qu'un E-T vous invite dans son vaisseau en

vous certifiant sur l'honneur qu'il vous ramènera, sain et sauf, chez vous dès que vous le désirerez.
Si, au final, il refuse ou change d'avis, comment allez-vous le forcer à faire ce qu'il avait juré ? Quels sont vos moyens de pression ? Quels pouvoirs possédez-vous pour l'obliger à tenir son engagement malgré lui ?
Aucun, à priori.

C'est trop risqué.
D'ailleurs, réfléchissez, pourquoi un E-T voudrait-il vous inviter dans sa soucoupe ? Quels intérêts aurait-il à amener un Humain dans son intimité et à lui révéler toutes ses connaissances et ses informations ? Quel serait son but ?

Excepté si, en votre âme et conscience, vous entendez un grand « Oui, vas-y, monte à bord de cet OVNI », ne le faites pas. Préservez-vous de ce danger.
Le chapitre suivant vous donnera encore plus de raisons de rester, ici, sur Terre.

– 18 –

Votre domicile se trouvera toujours sur la Terre.

Gardez à l'esprit que vous êtes un Humain, et plus précisément un Terrien.
Aussi, votre domicile se trouvera toujours sur la planète Bleue : la Terre.
Et cela est parfait.
Votre corps physique est spécialement conçu pour respirer l'oxygène particulier de cette atmosphère.
L'idéal dans cette vie est d'être libre en tout et pour tout, de se libérer des contraintes non essentielles, de pouvoir utiliser son libre-arbitre sans condition et sans marchandage pour notre survie.
Ainsi, ne soyez pas dépendant d'une combinaison spatiale, d'un abri lunaire ou autre, qui vous empêcheraient de vivre en autonomie le jour où vous n'êtes plus d'accord avec les conditions exigées par les Extra-Terrestres qui vous logent.

Pire... Imaginez que la vie sur la Terre soit tellement chaotique que de « gentils » Aliens viennent vous chercher pour vous emmener sur Mars ou sur une autre planète habitable.

La peur de rester sur une planète en cours de destruction va vous faire accepter leur proposition salvatrice. Pourtant, je vous déconseille d'embarquer avec eux vers cette lointaine destination. Pourquoi ?

D'abord, car aucun autre endroit ne correspondra aussi parfaitement à votre corps physique que votre planète d'origine.

Ensuite car rien ne vous certifie que les intentions des Extra-Terrestres soient réellement ce qu'ils prétendent. Ni que la destination programmée sera bien celle où ils ont l'intention d'aller.

Et surtout ne fuyez pas votre Planète-Mère ! Aucune fuite n'arrangera les problèmes que les « Humains » ont engendrés sur leur sphère de naissance.

Selon les discours politiques et médiatiques, les Humains sont seuls responsables du changement climatique, de la disparition de quantité d'animaux, de la pollution totale et omniprésente de notre air, nos mers et notre sol.

Si ces discours anxiogènes et culpabilisants sont justes, nous sommes « Le » problème. Aussi, il serait stupide d'abandonner la Terre que nous avons saccagée avec la ferme intention de refaire les mêmes erreurs sur une autre planète.

Non. Restons, réparons, changeons, grandissons et évoluons, ici, sur la Terre.

D'autant plus que si des Aliens malveillants rêvaient de s'accaparer notre splendide planète – car il faut bien reconnaître que la Terre est un véritable joyau –, ils leur suffiraient d'orchestrer une fin du monde telle que nous croyons la vivre présentement et de nous mettre dans des « vaisseaux » expédiés vers l'infini et au-delà, pour obtenir une belle planète dégagée de toute présence humaine avec l'accord, le paiement, voire la supplication, de ces derniers de quitter leur planète…
Hop ! Notre libre-arbitre est bien respecté, et nous n'y avons vu que du feu.

– 19 –

Chantez si vous avez peur !

Nous avons abordé le sujet dans l'un des chapitres précédents, l'important est d'éviter les émotions négatives telles que la peur ou la colère car elles font baisser notre énergie et notre vibration. Tant que vous « vibrez » haut grâce à la joie, vous attirerez à vous des personnes et des situations qui seront sur la même longueur d'ondes que vous. Évitez donc dès que possible de ressentir de la peur ou en tout cas, de rester bloqués dans cette peur paralysante.
Comment faire pour retrouver sa joie alors que l'expérience qu'on vit est difficile ou anxiogène ?
En chantant, évidemment !

Face à un Extra-Terrestre ou si vous voyez des soucoupes volantes qui font naître en vous de la terreur, chantez donc. Silencieusement dans votre tête, en murmurant ou haut et fort, quand vous chantez un air

joyeux ou un chant que vous aimez, votre énergie remonte, vous laissez place à votre joie et la peur disparaît comme par enchantement.
Chantez, c'est magique !

Aussi, n'attendez pas de vous retrouver devant un Alien pour en faire l'expérience. Lorsque vous déprimez, lorsque l'avenir vous semble compromis ou trop négatif, prenez votre guitare, un harmonica, votre chansonnier ou visionnez une vidéo de karaoké sur internet, puis chantez joyeusement !
Votre moral remontera en flèche.

– 20 –

**Un humain n'est peut-être pas réellement un humain.
Et un Extra-Terrestre n'est peut-être pas un E-T.**

Comme vu précédemment, il se passe quantité de choses ici-même sur la Terre, dont nous ignorons l'existence (des complots, des technologies cachées au grand public et utilisées par l'armée, des accords secrets entre les grandes puissances…)

Ainsi, nous ne connaissons pas le quart des progrès technologiques que les différentes armées utilisent depuis des décennies. Pour la simple et bonne raison, que si les militaires officialisaient les technologies de pointe qu'ils possèdent, cela en informerait leurs ennemis par la même occasion… Ce qui serait une erreur stratégique.
Voilà pourquoi, il leur est capital (et légitime) de maintenir la population dans l'ignorance des progrès et connaissances inouïes que l'armée utilise.

Il est possible que certains militaires travaillent dans des laboratoires souterrains où ils clonent des « Extra-Terrestres » prêts à servir les ordres de leurs supérieurs hiérarchiques humains. Excepté leur apparence créée de toute pièce, ces Aliens-là n'ont absolument rien d'extra-terrestre.

De même, les véritables Aliens possèdent certainement des technologies, des capacités physiques et mentales bien supérieures à celles des êtres humains.
Il leur est sans doute possible de se transformer en humain ou en d'autres choses.
Nous avons vu quantité de films et récits où des individus changeaient d'apparences grâce à une potion, des incantations, de la magie blanche ou noire… Mais aussi de la « possession » par des entités invisibles.
N'accordez donc pas une confiance aveugle à un Alien qui vous semble gentil ni à un être humain (même un militaire, un policier ou un pompier, car ils ne font qu'obéir aux ordres de leurs supérieurs et non obéir à leur âme).
Vous ignorez qui se cache réellement derrière cette apparence et quel est le but véritable de sa relation avec vous.
Dès que votre intuition vous le murmure ou dès que plusieurs signes ou observations vous alertent, préservez-vous : partez.

– 21 –

Méfiez-vous des « voix » dans votre tête.

Tout se qui passe dans votre esprit n'est peut-être pas uniquement issu de vos pensées intimes et personnelles.
Certains humains entendent des voix d'êtres défunts ou invisibles, on les nomme « canal », « voyant » ou « médium »…
Il ne s'agit donc pas de leurs propres pensées, mais leurs cerveaux (et le nôtre aussi) fonctionnent comme un émetteur radio. On peut décider (consciemment ou non) de se brancher sur une fréquence (une onde) ou sur une autre. Quelques personnes ont accès à un champ de fréquences plus large que la majeure partie des humains.
Quand nous sommes dans la joie, nous ne « captons » pas les mêmes idées ou pensées, que lorsque nous sommes tristes.

Ensuite, méfiez-vous des « pensées » ou des « voix » que vous entendez. Il peut s'agir d'un Alien invisible qui vous souffle une suggestion (qui l'arrange) à l'oreille.

Finalement, il parait que même l'armée possède des machines capables d'envoyer, via les ondes, un texte bien précis dans l'esprit de quelqu'un qu'ils choisissent comme cobaye ou comme cible.
Encore une fois, ne sous-estimez pas les moyens de l'armée (de n'importe quel pays) !
Les militaires reçoivent, par nos impôts et nos gouvernements, des finances incommensurables qu'ils utilisent selon leur bon vouloir pour des projets (officiels ou secrets) qui profitent surtout aux élites et non au bien-être du peuple.

– 22 –

Ne tombez PAS amoureux d'un Alien !

Ceci est un véritable conseil d'ami : n'envisagez jamais un Alien comme amoureux ou pire, comme époux officiel (même et surtout sur sa planète).
Et, bien entendu, refusez tout rapport sexuel ou sensuel avec eux. Imaginez que vous tombiez enceinte d'un hybride aliéno-humain… Les problèmes qui en découleraient seraient inimaginables !
Dans ce cas précis, il est même probable que vous ayez juste été « utilisée » pour mettre au monde l'un des leurs et que votre progéniture, une fois née, ne vous soit directement retirée. Quels pouvoirs avez-vous en votre possession pour contrer cela ?

En général, les histoires d'amour ne sont pas simples, d'autant plus quand les deux protagonistes viennent de cultures, d'horizons ou de planètes différentes !
Les récits du genre « Roméo et Juliette » finissent trop

souvent mal.

Encore une fois, ce n'est pas le moment de remettre toute votre confiance en des êtres qui vous sont totalement inconnus.

Observez comme vous avez déjà du mal à voir les manipulations et mensonges de vos confrères les humains. Ainsi, imaginez repartir à zéro avec des êtres dont vous ignorez toutes les capacités, tous les objectifs et les intentions qu'ils ont réellement…

Ne vous laissez pas séduire par un Extra-Terrestre, aussi fascinant soit-il.

Ils seront certainement très doués pour stimuler votre ego en vous affirmant que vous êtes « l'élue » ou « l'élu » sélectionné pour vos incroyables qualités…

Bien sûr que vous avez tous d'incroyables qualités !

Mais la première est de ne pas s'en laisser compter, ni se laisser aveugler par un « Amour » qui peut être totalement simulé par eux.

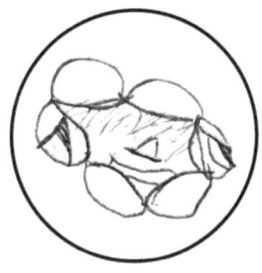

– 23 –

Buvez de l'eau.

Voici un conseil que je donne en toute occasion !
Dès que vos émotions sont trop fortes (en positif comme en négatif), boire un peu d'eau vous permet de vous recentrer naturellement et directement. Aussi, si le stress d'être face à un Extra-Terrestre ou à un être venu d'une autre dimension, est trop fort, buvez quelques gorgées d'eau, cela vous aidera à retrouver votre calme.
Ce conseil semble anodin voire insignifiant pourtant il est important pour la maîtrise de votre corps et pour votre paix intérieure.

Faites-en l'expérience la prochaine fois que vous serez submergés par vos émotions !
Buvez un peu d'eau (sans thé ni sirop ni quoi que ce soit) et voyez comment votre colère s'apaise aisément.
Vous ressentirez d'abord la fraîcheur de ce liquide

pénétrer à l'intérieur de vous, puis les bienfaits apaisants de l'eau se diffuseront dans tout votre être.

Ce réflexe « émotion/eau » est à proposer aussi aux enfants quand ils sont surexcités, fatigués ou en pleine crise de nerf. Vous n'en reviendrez pas du miracle qui s'accomplira dans la minute.

Non, ne me remerciez pas !

– 24 –

**Répétez le mantra « Je garde mon énergie.
Je garde mon pouvoir ».**

Voici une autre technique de méditation qui vous permettra de retrouver votre équilibre intérieur quand vous êtes submergés par une émotion trop forte : répétez ce mantra en boucle. Il calmera votre esprit et empêchera votre mental de vous susurrer des scénarios effrayants et rocambolesques. Ainsi, vous conserverez votre neutralité face à un Alien.

Avez-vous déjà expérimentés des relations amicales et professionnelles où, après un rendez-vous, vous vous sentiez épuisés, totalement vidés ? Il s'agit d'une personne qui vous prend de l'énergie, une sorte de « vampire énergétique ». Que ce dernier en soit conscient ou non, c'est un fait, il absorbe votre énergie sans vous en donner en retour, comme cela devrait être le cas normalement.

Ce genre de personne peut n'avoir aucune mauvaise intention, toutefois son fonctionnement fait qu'il vous vole de l'énergie sans vous en donner en échange.

Par exemple :
Il se plaint pendant des heures, il voit toujours tout en négatif, il vous raconte des événements tristes, anxiogènes ou effrayants. Il vous met en colère, il ne vous laisse pas placer un mot, il monopolise la discussion et l'attention uniquement sur lui, il vous pose mille questions inlassablement (façon interrogatoire)…
Ce style de relation existe bel et bien entre humains. Maintenant imaginez que certains Aliens fonctionnent à l'identique.
Ajoutez à cela, la fascination que vous éprouvez envers un tel être, ou la supériorité qu'il ressent face à votre « ignorance » concernant ses connaissances ou ses capacités. Tout cela vous épuise et vous vole votre précieuse énergie.
Alors, si vous vous sentez vidés, mettez un terme à cette rencontre, partez.
Et s'il vous est impossible de vous en aller, répétez mentalement le mantra « Je garde mon énergie. Je garde mon pouvoir ». Ainsi votre libre-arbitre peut clairement agir et vous retrouvez votre force intérieure et votre calme.

Rappelez-vous qu'il existe des Aliens au Service à Soi (ASS) qui ont besoin de « voler » l'énergie des autres pour pouvoir vivre. Grâce à ce mantra que vous répétez en boucle, votre agitation intérieure s'apaise, vous

reprenez la maîtrise de vos émotions et vous affirmez clairement à l'Univers votre libre-arbitre qui est inaliénable.
Résultat : vous gardez votre énergie vitale pour vous-même et les ASS devront chercher ailleurs à se sustenter.

– 25 –

**Partez.
Quittez les villes et les capitales.**

Dès que vous voyez un ou plusieurs Extra-Terrestres, ce sera sans doute le moment de quitter votre appartement en ville pour rejoindre une maison en pleine nature avec potager, plaque solaire, voire rivière accessible pour l'eau.
Tout d'abord, votre autonomie au quotidien sera infiniment plus grande que celle que vous pourriez avoir en ville…

Ensuite, vous y serez certainement plus en sécurité qu'au cœur d'une cité. Pourquoi ? Car les capitales sont des cibles pratiques et idéales pour des « envahisseurs » venus du ciel.
Les Aliens possèdent certainement, comme nous, des armes puissantes capables de détruire une surface large de plusieurs kilomètres. Une ville pourrait être éradiquée

de la carte en un claquement de doigts.
La nature cache, protège et éparpille les humains qui y habitent.
Vivre à la campagne ou à la montagne ne signifie pas vivre comme un ermite solitaire. Non, là plus qu'ailleurs, l'entraide, la collaboration et le soutien mutuel sont de mises tout au long des saisons, pour construire une maison, une grange, pour récolter et conserver les fruits et les légumes qui poussent en abondance…

Vu que nous ne connaissons pas l'intention réelle des Aliens qui décideraient de se montrer publiquement aux humains, je prône la méfiance.
Il vaut mieux quitter un endroit qui peut se révéler dangereux, pour vivre une nouvelle expérience plus en accord avec la nature qui nous entoure, tout en resserrant les liens fraternels entre humains.
Vous n'avez rien à perdre à tenter cette nouvelle vie et tout à y gagner, même si, en définitive, les « Envahisseurs » n'avaient aucune intention de nous nuire.
Le moment de venir à leur rencontre arrivera bien assez tôt et il vaut mieux ne pas précipiter les choses.
Vous avez écouté votre intuition et fait l'effort d'acheter ce guide en trente leçons, peut-être est-ce parce que votre âme y trouverait les réponses à vos questions et à vos envies de changement de vie ?

Si ce conseil est en accord avec votre ressenti (lorsque vous êtes parfaitement calmes), suivez-le, ce conseil.
Les grandes villes sont des lieux très fréquentés, l'effet

de groupe peut vous influencer à votre insu… Or une folie collective ou une peur contagieuse peut vous atteindre sans que vous ayez conscience qu'elle n'émane pas réellement de vous.

Une ville est le lieu propice pour les ASS s'ils veulent nuire ou détruire le plus de gens possible à moindre effort. Cette promiscuité est une fragilité.

Aussi, partez, la nature vous ressourcera. Vivre loin des chamboulements de cette invasion ou arrivée hors du commun qui traumatisent les citadins est un véritable luxe ! Offrez-le vous.

Cela permettra aussi de patienter, d'observer de loin, d'attendre que les véritables intentions des Aliens se révèlent après leur première apparition.

Installez-vous dans la forêt, à la campagne, à la montagne, à la mer… Peu importe.

Faites-vous plaisir. Car si des E-T viennent sur notre planète, plus rien ne sera comme avant : « Métro, boulot, dodo », tout cela n'aura plus aucun sens (pour peu que cela ait déjà eu un sens un jour…)

Retrouvez vos racines, le calme de la terre, la beauté des champs de blés, le gazouillis des oiseaux, l'air vivifiant aux mille parfums printaniers.

Vous verrez que les animaux sauvages vous paraîtront bien sympathiques face à l'inconnu que représente une nouvelle espèce intelligente et humanoïde !

– 26 –

Choisissez TOUJOURS la vie.

Ce conseil vous parait évident, mais peut-être que l'Alien exercera un chantage sur vous : « Tuez quelqu'un ou tuez-vous vous-même », dans ce cas, restez immobile. Ne faites rien. Vous refusez les deux options qui vous sont proposées. Patientez jusqu'à ce qu'une nouvelle option s'offre à vous.
Ou alors, tirez sur celui qui vous donne un tel ordre.
Tant que vous êtes vivants, tout est possible. La mort signe la fin de la « partie ».
Le suicide à cause de votre peur extrême ou d'un découragement total face aux difficultés qui semblent se profiler, ne sera JAMAIS la solution. Aussi, si l'Extra-Terrestre vous force ou vous conseille fortement de prendre une pilule inconnue, ou d'accepter une injection suspecte, refusez catégoriquement et fermement. Malgré les chantages que l'E-T ne manquera pas de faire. Vous possédez un libre-arbitre inaliénable.

Lorsque vous verrez un Alien, peut-être y aura-t-il, en parallèle, une guerre atomique ou une explosion nucléaire avec son nuage « mortel » de radioactivité. Même dans ce cas, ne gobez pas de pilule pour « atténuer » vos souffrances. Car ces catastrophes sont peut-être montées de toutes pièces par les Médias à la solde des Élites. Qu'en savez-vous réellement ?
Mensonge, erreur volontaire ou involontaire, supercherie, imposture, fraude, manipulation, photos et vidéos recardées pour en changer le sens, retouchées pour la transformer...
Je n'invente rien. Le temps et l'Histoire ont démontré tous ces stratagèmes utilisés par des politiciens, des dictateurs, des multinationales, des banquiers...
Pourquoi voudriez-vous que cela cesse ?
Cela fonctionne à la perfection et le public n'y voit à chaque fois que du feu.
Bien souvent, des sommes colossales sont en jeu, des intérêts personnels se cachent derrière la falsification de l'information. Or plus on possède d'argent, plus on détient de pouvoir et de moyens de pression.
Méfions-nous.
Avez-vous une totale et absolue confiance en ce gouvernement, en la télévision publique et privée ?
Avez-vous assez confiance en leur honnêteté pour mettre votre propre vie entre leurs mains ?
C'est un choix personnel. Votre intuition et votre libre-arbitre vous laisseront prendre cette décision.

Bref, ne croyez pas toutes les informations, même si elles proviennent de sources sensées être fiables.

Vérifiez-les par vous-mêmes, avec les moyens que vous aurez en votre possession puis surtout : patientez !

Ne paniquez pas dès l'annonce d'une nouvelle catastrophe. Observez si des répercussions viennent réellement jusqu'à vous. Faites confiance en votre ressenti et votre discernement. Attendez, prenez de la hauteur pour analyser ce qui se passe de loin, en partant quelques jours à la campagne par exemple. Extrayez-vous de la collectivité qui peut complètement perdre la raison et être prise d'une paranoïa contagieuse dont vous seriez aussi victime.

Les émotions fortes peuvent se propager comme une traînée de poudre et atteindre beaucoup de gens en peu de temps.

Ainsi, tant que l'heure de votre trépas n'a pas sonnée, il serait dommage de mettre un terme volontairement à votre précieuse existence, peu importe les raisons. Ne le faites pas vous-mêmes et patientez que la vie s'en charge naturellement. Vous ne devriez être orientés que vers la survie et le bien-être de votre corps physique, jamais l'inverse.

Rappelez-vous que le libre-arbitre est universel, aussi puisque les gouvernements et les Élites « estiment » que la population mondiale est trop nombreuse, ils vont tenter d'en contrôler le nombre, d'en réduire les naissances et d'en augmenter les décès, tout en respectant votre Libre-arbitre…

Pour cela, ils vont ruser pour que vous choisissiez de votre plein gré des capsules d'euthanasie dès la première déprime, des soins palliatifs pour « atténuer » les douleurs d'une maladie que les médecins (à la solde du lobby pharmaceutique) proclament incurable. Les informations télévisées quotidiennes sont de véritables poisons pour l'esprit des gens qui les écoutent ou les regardent : quelle déprime, quelle toxicité ! Le JT ou « Comment ôter votre joie de vivre et votre Amour des autres en voyant des images horribles et injustes sur lesquelles vous n'avez aucun moyen d'agir ? », c'est abject.

Et tout cela sous couvert de se « tenir informé sur ce qui se passe dans le monde » sinon vous seriez des êtres égoïstes et autocentrés... Ils jouent toujours sur votre gentillesse et votre compassion.

– 27 –

Rejetez tout pacte, tout contrat avec eux.

À l'instar du chapitre expliquant qu'il vaut mieux refuser les cadeaux offerts par un Alien, il est fortement recommandé de décliner le contrat (oral ou écrit) qu'il vous propose.
Pourquoi décliner une proposition alléchante, même si elle est contractuelle et vous semble honnête ?
Le libre-arbitre étant inaliénable (si nous, Humains, l'ignorons, les Aliens, eux, le savent pertinemment), tant que vous ne validez rien par votre accord ou votre signature, l'Extra-Terrestre qui voudrait avoir une ascendance sur vous ne pourra pas l'obtenir.
Un Non est un Non.

Et puis, vous ne suspectez pas les clauses minuscules ou les traquenards qui y sont associés…
Ne soyez pas leur « Homme de main » qui obéit à leurs ordres, même sous l'apparence d'un conseil avisé ou

d'une subtile manipulation mentale.

Très souvent, (en particulier chez les militaires et les policiers) les pires horreurs sont commises sans qu'il n'y ait « aucun » responsable désigné car l'un a « seulement obéi » aux ordres que son chef lui a donnés. Et l'autre, le supérieur en question, a juste exigé quelque chose, mais il ne l'a pas fait lui-même, ainsi, il n'est pas directement coupable. Ce supérieur hiérarchique peut d'ailleurs prétendre qu'il a, lui-même, agi sur l'ordre d'un autre patron et ainsi de suite…

Ne reproduisez pas ce genre d'erreur avec un Alien qui vous intimerait l'ordre de lui obéir, même en échange d'une récompense, ou en menace de représailles.

Ne soyez sous l'obédience d'aucun maître, d'aucun groupe. Vous êtes définitivement libres et souverains de vous-mêmes.

Soyez le maillon qui brise la chaîne de l'obéissance !
Dites « non » avec fermeté et ténacité.
Les drames ne passeront pas par vous.

D'autant plus que si vous commencez par accepter une petite proposition, vous mettez le doigt dans un engrenage qui ne vous lâchera plus. Les Extra-Terrestres sauront comment vous pousser à continuer votre « collaboration ». Notamment en vous tendant des pièges, des guets-apens où vous serez de plus en plus impliqués dans des événements et situations auxquels vous ne pourrez plus vous extraire.

Il s'agit précisément de la technique de manipulation nommée « le pied dans la porte ».

– 28 –

**Restez impassible.
Ne montrez pas vos émotions.**

Restez neutre, impassible. Masquez vos émotions, vos réactions afin que l'Alien n'en apprenne pas trop sur vous.

Ce conseil sera difficile à appliquer pour ceux qui sont très expressifs et impulsifs. Pour autant, il serait judicieux d'apprendre la maîtrise de ses réactions « faciales » et attitudes corporelles…
Observez donc les différentes personnes avec qui vous parlez : certaines ont les traits du visage immobiles, inexpressifs, tout au long de votre discussion, quand d'autres s'illuminent à chaque blague, froncent les sourcils, écarquillent les yeux, plissent le front d'étonnement en fonction de l'émotion qu'ils ressentent suite à votre discours.

La personnalité de ceux qui demeurent quasi impassibles n'est pas facile à cerner.
Tandis que ceux dont le visage exprime chacune de leurs pensées, sont plus aisément « décodables ». On peut savoir ce qu'ils pensent et ressentent juste en les observant, sans même qu'ils aient besoin de dire le moindre mot.
Par exemple, les gens qui mentent sont de fins observateurs qui analysent vos réactions au fur et à mesure de leur mensonge afin de s'assurer que vous les croyez et qu'ils peuvent poursuivre dans cette voie ou non.
Trop de clarté dans vos expressions physiques pourrait vous nuire face à un Alien ou face à tout être malveillant dont les intentions sont de déceler vos craintes et vos fragilités pour ensuite les utiliser contre vous et en sa faveur...

Ainsi, s'il vous est possible de réduire ou limiter fortement toutes les expressions de votre visage (et de votre corps) lorsque vous êtes en train de converser avec un Extra-Terrestre dont vous ignorez trop de choses, ce serait plus judicieux et plus prudent.

D'ailleurs, je suis certaine que la plupart des E-T sont, eux-mêmes, carrément impassibles dans leur timbre de voix tout autant que dans leur gestuelle physique !
À l'instar de Spock dans « Star Trek »...

Pour conclure ce chapitre, il pourrait être intelligent d'imiter le comportement de votre interlocuteur (Alien ou même Humain). Ainsi, si vous faites face à une personne froide et sans la moindre variation des traits du visage, imitez-la. Soyez aussi glaciale et placide qu'elle. Puis, si vous discutez avec quelqu'un d'expressif et de généreux en expressions corporelles, lâchez-vous, vous pouvez réagir comme elle !

– 29 –

Un langage Universel compréhensible par nous ?

Il est fort probable que l'Extra-Terrestre que vous croiserez (peut-être) un jour vous parle en français (ou en votre langage maternel), même s'il vient du système solaire UY Scuty !
N'en soyez pas étonnés. L'explication est simple :
Si vous comprenez les paroles de cet Alien, peut-être est-ce parce qu'il maîtrise parfaitement la télépathie.
Certains humains possèdent d'ailleurs cette capacité. La télépathie permet d'envoyer un message par la pensée vers une autre personne ou carrément, vers un groupe d'individus, mais aussi vers un peuple entier, voire à la population terrestre au même moment et dans toutes les langues du monde !
Gardez toujours à l'esprit que le fait que ce soit impossible pour nous, sur Terre, n'exclut pas que cela soit possible pour d'autres, ailleurs.

Normalement, vous pouvez lui répondre oralement dans cette même langue, ou alors uniquement en pensée. L'Alien devrait être capable d'entendre vos paroles non prononcées ce qui est très pratique pour communiquer sous l'eau, dans l'Espace ou à distance... Même de la Terre à la Lune, quand on sait y faire.

Toutefois, il est probable que si un Extra-Terrestre utilise l'une des langues connues sur Terre, c'est qu'il s'agisse d'un faux Alien !
Comment est-ce possible ? L'armée des différents gouvernements (surtout des pays les plus riches tels que l'Amérique, la Chine et la Russie) possède d'innombrables armes secrètes inconnues de la population. Une armée d'Aliens prêts à nous terroriser afin de nous conduire là où les Élites aimeraient qu'on aille ou de nous faire obéir à certaines injonctions, serait parfaite pour asseoir leur domination mondiale. Un gouvernement mondial étant le but des Élites (cachées et officielles). Tout cela est clairement expliqué si vous étudiez les articles de presse concernant « le Nouvel Ordre Mondial », récemment renommé « The Great Reset » (La Grande Réinitialisation).
Nous avons d'ailleurs pu assister à un véritable « désir de pandémie » par les Médias et les gouvernements de la Terre entière, lors de l'épidémie soi-disant dévastatrice que nous venons de vivre. Nous avons pu observer que toutes les informations étaient orientées pour accroître la peur de la population. Chaque soir, le journal télévisé était alarmant, et dénombrait les morts du Covid, sans aucune nuance, sans aucune comparaison avec d'autres chiffres (tels que les morts du cancer, des accidents de la

route, de la grippe…), dans l'unique but de conduire la population vers une psychose collective et contagieuse qui la pousserait à accepter (voire même implorer !) le retrait de leurs libertés de circuler, de respirer, de faire du sport, d'avoir une vie sociale et affective saine…
Cette folie due à une manipulation de masse empêchait les gens de s'informer par d'autres voies que les médias classiques ou de décider en toute conscience du traitement préventif à adopter personnellement.
Pour conclure sur cette parenthèse covidienne, je citerais une phrase de Klaus Shwab, (Un économiste du Forum économique de DAVOS) : « La pandémie représente une rare mais étroite fenêtre d'opportunité pour réimaginer et réinitialiser notre monde ».

Ainsi, nous ignorons les divers plans que nos Élites ont fomentés pour conduire la population mondiale qui s'éveille sur l'esclavage et l'exploitation qu'elle subit depuis des millénaires, vers une prison invisible aux yeux de ses prisonniers. Une société de contrôle total et absolu où l'Intelligence Artificielle règne et nous dirige. Un univers totalitaire où le moindre appareil ménager et téléphonique agirait comme un espion, un délateur de notre désobéissance ou nos tentatives d'évasion. Cette société carcérale est en train de se mettre en place insidieusement derrière la façade d'un progrès à la pointe de la modernité : montres, appareils et voitures connectés… Mais connectés à qui et dans quel but véritablement ?

La population ignore aussi l'existence des expériences qui se déroulent dans les laboratoires secrets des gouvernements ainsi que les armées de clones soi-disant « Extra-Terrestres » qui sont en train d'être élevés dans des sous-sols à l'abri des regards non initiés.

Soyez donc toujours vigilants quand vous verrez un Alien, car vous n'en connaissez décidément pas l'origine (Extra ou Intra-Terrestre, Humaine ou robotique).

Tout est vraiment possible. Sachez écouter votre discernement.

– 30 –

Le Discernement.

Finalement, je conclurais ce guide pratique par, sans doute, le plus important : le discernement.
En voici tout d'abord la définition :
« Action de discerner, de distinguer, de discriminer : Le discernement du vrai du faux. Sens critique. »

Gardez votre sang-froid. Restez neutre et stoïque face aux situations hors norme telles que la rencontre avec un Extra-Terrestre.
Ainsi, vous pourrez pratiquer le discernement de manière plus aisée. Car votre peur ne brouillera pas les messages avisés de votre conscience.
Dans ce but, préparez-vous dès aujourd'hui, à faire preuve quotidiennement de discernement. Que ce soit pour des informations insignifiantes ou pour celles qui semblent extrêmement importantes, exercez-vous avec patience et sagesse.

Méfiez-vous du journal télévisé, gardez toujours un esprit critique face à ce que les gens ou les médias vous disent. Là encore, vous ne connaissez pas réellement leurs intentions profondes. Rappelez-vous que tous les Médias écrits et audiovisuels sont détenus par quelques milliardaires qui, forcément, n'ont pas les mêmes intérêts que vous, le peuple. Certains mensonges leur sont salutaires, voire indispensables pour conserver leur emprise sur les Humains et vous garder bien dociles.

Or puisqu'ils en ont les moyens (argent et pouvoir), pourquoi s'en priveraient-ils ? Ce n'est ni leur « conscience » ni leur « moralité » qui mène leur vie de rois du monde.

La preuve ? Notre société serait totalement différente si ceux qui la dirigent et détiennent les moyens financiers voulaient réellement le bien-être du plus grand nombre... Au lieu de cela nous voyons une totale cohésion entre les gouvernements, les banquiers mondiaux et les multinationales. Avez-vous remarqué qu'au fil du temps, tous les biens publics deviennent la propriété de sociétés privées multinationales ?

Qu'importent les raisons de ce changement de propriétaires, les faits sont là.

L'argent de nos impôts a servi à construire les autoroutes, les aéroports, les usines de tous genres pour les « offrir » au rabais aux amis et sponsors de nos dirigeants, sous le prétexte que ces entreprises publiques ont mal été gérées par ces mêmes gouvernements qui les ont mises en déficit constant. Pourtant dès que les sociétés privées commencent la gestion de ces anciennes propriétés publiques, soudainement, les bénéfices se font

évidents et abondants… Et leurs actionnaires sont grassement rémunérés chaque année.
Cherchez l'erreur !

Les menteurs le savent, il est plus facile de mentir en enrobant un mensonge de plusieurs vérités. Ainsi, il y a une base solide et concrète sur laquelle construire leur affabulation branlante. L'interlocuteur du menteur n'en sera que plus perdu…
Pourtant, il est vital de savoir déceler le vrai du faux, aussi habilement entremêlés soient-ils.
Certains Extra-Terrestres sont peut-être des menteurs invétérés. Nous n'avons pas le moyen de le savoir. Donc, nous devons rester vigilants.
Cessons d'être crédules car nous rencontrerons forcément un jour sur notre chemin, une personne humaine ou non, qui saura profiter de notre naïveté innocente. Et nous en payerons les conséquences nous-mêmes.
Écoutons avec attention les propos d'un Alien mais que tout discours passe toujours par le filtre de notre discernement.
Vous voilà fin prêts à vivre une future rencontre du troisième type.
Quelle aventure !

SOMMAIRE :

Règle numéro Un : Ne paniquez pas !   3

Ne criez surtout pas devant un Extra-Terrestre.   5

Deux catégories d'Extra-Terrestres.   6

Restez dans la joie, dans l'Amour.   9

En attendant cette rencontre, informez-vous.   11

Ils ne sont pas si différents de nous.   18

LIBERTÉ : Ne leur obéissez jamais !   22

ÉGALITÉ : La hiérarchie, c'est l'enfer.   24

FRATERNITÉ : Nous sommes tous frères et sœurs.   27

Travaillez votre ressenti. 29

Faites le calme en vous. 32

Écoutez-les mais ne croyez pas tout ce qu'ils disent. 34

L'apparence peut être trompeuse. 36

Refusez tous leurs cadeaux, leurs propositions. 38

Ce qui est en haut est semblable à ce qui est en bas. 41

LE LIBRE-ARBITRE EST INALIÉNABLE ! 43

Ne montez jamais à bord de leur vaisseau. 46

Votre domicile se trouvera toujours sur la Terre. 48

Chantez si vous avez peur ! 51

Un humain n'est peut-être pas réellement un humain. Et un Extra-Terrestre n'est peut-être pas un E-T. 53

Méfiez-vous des « voix » dans votre tête. 55

Ne tombez PAS amoureux d'un Alien ! 57

Buvez de l'eau. 59

Répétez le mantra « Je garde mon énergie ». 61

Partez. Quittez les villes et les capitales.	64
Choisissez TOUJOURS la vie.	67
Rejetez tout pacte, tout contrat avec eux.	71
Restez impassible. Ne montrez pas vos émotions.	73
Un langage Universel compréhensible par nous ?	76
Le discernement.	80

Autres parutions du même auteur :

La licorne de Nazareth
— BOD Editions

L'éveil de la rose : En quête d'une sexualité consciente.
— Be Light Editions

Le dernier conte
— Be Light Editions

Mais que pensent les Méduses ?
— Amazon Editions

Jack l'Éventreur n'est pas un homme
— BOD Editions

Framboise et volupté
— Stellamaris Editions

Mon cahier de Mantras à colorier
— BOD Editions

D'Homo Sapiens à Homo Deus : Comment finaliser l'évolution de l'humain ?
— BOD Editions

Le petit livre des Mantras à murmurer
— BOD Editions

Narcisse versus Lollaloca
— Amazon Editions